AF340561

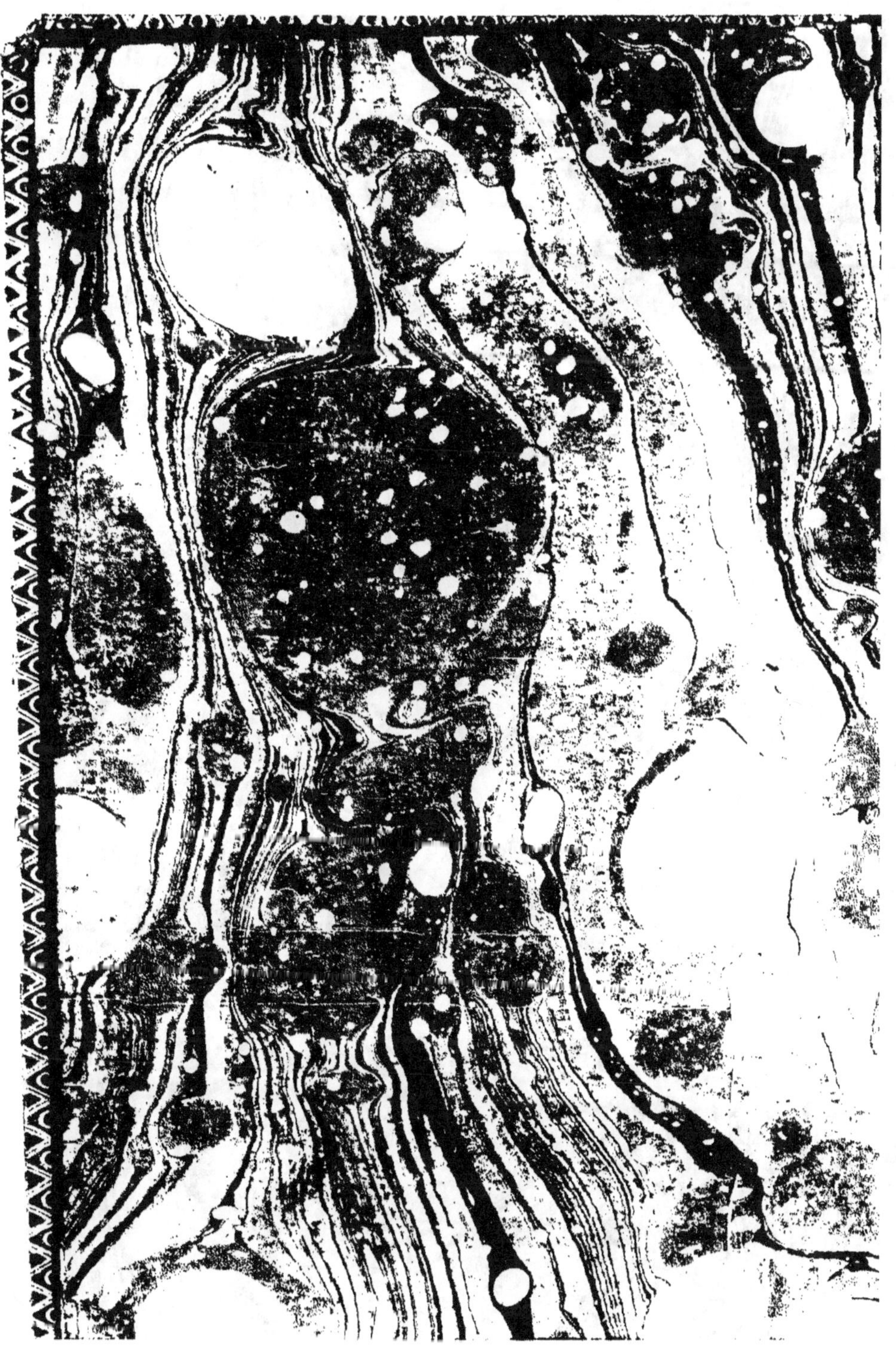

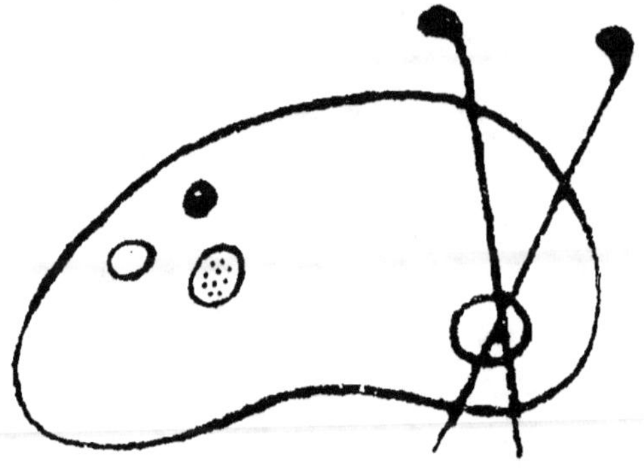

Fin d'une série de documents
en couleur

CONSIDÉRATIONS

SUR

LA PREMIERE FORMATION

DES LANGUES,

ET LE DIFFÉRENT GÉNIE DES LANGUES
ORIGINALES ET COMPOSÉES,

TRADUITES par A. M. H. B......
de l'anglais d'ADAM SMITH,
professeur de Philosophie morale
dans l'Université de Glascow, et
auteur du Traité de la richesse
des Nations.

A PARIS.

Chez **BAILLIO** et **COLAS**, Imprimeurs,
rue du Regard, N° 806.

Et chez **DENIS**, rue Haute-Feuille, N° 21.

L'AN IV DE LA RÉPUBLIQUE FRANÇAISE.

CONSIDÉRATIONS

SUR

LA PREMIERE FORMATION

DES LANGUES,

ET LE DIFFÉRENT GÉNIE DES LANGUES ORIGINALES ET COMPOSÉES.

ASSIGNER des noms particuliers pour dénoter des objets particuliers, c'est-à-dire, établir des noms substantifs, a été probablement l'un des premiers pas vers la formation des langues. Deux sauvages qui n'avaient jamais appris à parler, et qui avaient vécu éloignés des sociétés des hommes, commencerent naturellement à former cette langue, par laquelle ils s'efforcerent de se faire connaître l'un à l'autre leurs besoins mutuels, en prononçant certains sons toutes les fois qu'ils voulaient dénoter certains objets. Les

objets seuls qui leur étaient les plus familiers, et qu ils avaient plus souvent occasion d'observer , auront eu des noms
particuliers qui leur auront été assignés.
La caverne particuliere dont la voûte les
aura mis à l'abri du mauvais tems , l'arbre
particulier dont le fruit aura soulagé leur
faim , la fontaine particuliere dont l'eau
aura apaisé leur soif, auront été les
premiers désignés par les mots de *caverne*,
d'*arbre* , de *fontaine* , ou par tout autre
nom qui leur aura. paru propre à les
désigner dans ce jargon primitif. Dans
la suite , lorsque l'expérience plus étendue de ces sauvages les aura portés à
observer , et que leurs besoins les auront
obligés , dans diverses occasions, de faire
mention d'autres cavernes , d'autres ar-
bres et d'autres fontaines , ils auront
naturellement donné à chacun de ces
nouveaux objets, le même nom par lequel
ils étaient accoutumés à exprimer l'objet
du même genre qu'ils connaissaient déjà.

Les nouveaux objets n'avaient aucun nom qui leur fût propre ; mais chacun d'eux ressemblait exactement à un autre objet qui avait un pareil nom. Il était impossible que ces sauvages vissent les nouveaux objets sans se rappeler les anciens, et les noms de ces anciens avec lesquels les nouveaux avaient tant de ressemblance. Ainsi lorsqu'ils avaient occasion de citer ou de se montrer l'un à l'autre l'un de ces nouveaux objets, ils prononçaient naturellement le nom des anciens objets correspondans, dont l'idée ne pouvait manquer, à cet instant, de se présenter d'elle-même à leur mémoire de la maniere la plus forte et la plus vive ; chacun de ces mots, qui étaient originairement les noms propres des individus, devint donc insensiblement le nom commun d'une multitude d'êtres. Un enfant, qui commence à apprendre à parler, appelle chacun de ceux qui se présentent dans sa maison son papa ou sa maman, et il donne ainsi à toute l'espece, ces noms qu'on lui a appris à appliquer à deux individus. J'ai connu un paysan qui ne savait pas le nom propre de la riviere qui coulait devant sa porte : *C'est la riviere*, disait-il, et il ne lui connaissait pas d'autre nom : il paraît qu'il n'avait pas eu occasion d'en observer aucune autre. Il est donc évident que le mot général de riviere était, dans son acception, un nom propre signifiant un objet individuel. Si cette personne avait été conduite à une autre riviere, ne l'aurait-elle pas nommée sur le champ riviere ? Supposons un individu vivant sur les bords de la Tamise, assez ignorant pour ne pas connaître le mot générique de *riviere*, mais connaissant le mot particulier de *Tamise* ; si on le menait sur le bord d'une autre riviere, ne la nommerait-il pas sur le champ *Tamise* ? Les personnes à qui un terme générique est familier, sont naturellement portées à faire la même chose. Un Anglais, décrivant quelque grande riviere, qu'il peut avoir vue dans quelque pays étranger, dit naturellement que c'est une autre Tamise ; les Espagnols, lorsqu'ils arriverent pour la premiere fois sur la côte du Mexique, et qu'ils virent la richesse, la population et les habitations de ce beau pays, si supérieur à celui des nations sauvages qu'ils avaient découvertes quelque tems auparavant, s'écrierent que c'était une autre Espagne. En conséquence, ce pays fut appelé *Nouvelle Espagne* ; et ce nom est resté depuis ce tems à cette malheureuse contrée. Nous disons de la même maniere, d'un héros, qu'il est un Alexandre ; d'un orateur, qu'il est un Cicéron ; d'un philosophe, qu'il est un Newton. Cette maniere de parler, que les grammairiens appellent *antonomase*, et qui est toujours extrêmement commune, quoiqu'elle ne soit point absolument nécessaire, démontre com-

bien les hommes sont naturellement portés à donner à un objet le nom d'un
autre qui lui ressemble beaucoup, et
à dénommer ainsi une multitude par ce
qui avait été originairement destiné à
désigner un individu.

C'est cette application des noms d'un
individu à une grande multitude d'objets,
dont la ressemblance rappelle naturellement l'idée de cet individu, et du nom
servant à l'exprimer ; c'est, dis-je, cette
application qui paraît avoir donné lieu
à la formation de ces classes et assortimens, qu'on appelle dans les écoles
genres et especes, et dont l'ingénieux et
éloquent Rousseau, de Geneve, (1) se
trouve lui-même si embarrassé d'expliquer l'origine. Ce qui constitue une es-

---

(1) *Origine de l'inégalité*, premiere partie, pag. 376, 377,
édition d'Amsterdam des œuvres diverses de J. J. Rousseau.
Nous désirerions bien que dans les éditions de Rousseau, on
indiquât les critiques et réfutations qui ont été faites d'un
grand nombre de ses paradoxes, dont plusieurs sont si dan-
gereux. (*Note du traducteur.*)

pece, est proprement un nombre d'objets qui ont un certain degré de ressemblance les uns avec les autres, et qui par ce motif reçoivent un seul nom qu'on peut employer à désigner chacun d'eux.

Quand un nombre très-considérable d'objets fut ainsi arrangé dans les classes et assortimens qui lui convenaient, distingués par de pareils noms génériques, il fut impossible que la plus grande partie de ce nombre presque infini d'individus, compris sous chaque assortiment ou espece particuliere, pût avoir un nom propre ou particulier, distinct du nom général de l'espece. Lorsqu'on eut donc occasion de parler d'un objet particulier, il devint souvent nécessaire de le distinguer d'avec les autres objets compris sous le même nom général, soit d'abord par ses qualités particulieres, soit ensuite par le rapport particulier existant entre lui et quelques autres objets. Telle fut l'origine nécessaire de deux mots , dont l'un exprimait la qualité et l'autre le rapport.

Les noms adjectifs sont les mots qui expriment la qualité considérée comme qualifiante , ou, pour me servir des termes de l'école , en concret avec quelque sujet particulier. Ainsi le mot *vert* exprime une certaine qualité considérée comme qualifiante , ou en concret avec le sujet particulier auquel elle est appliquée. Il est évident que les mots de ce genre peuvent servir à distinguer des objets particuliers d'avec d'autres , compris sous la même dénomination générale. Les mots *arbre vert* , par exemple , peuvent servir à distinguer un arbre particulier d'avec les autres qui sont fanés ou brouis.

Les prépositions sont des mots qui expriment le rapport considéré , de la même manière , en concret avec l'objet corélatif. Ainsi les prépositions *de* , *à* , *pour* , *avec* , *dessus* , *dessous* , &c , dénotent quelque rapport existant entre les objets exprimés par les mots entre lesquels les prépositions sont placées, et ils dénotent que ce rapport est considéré en concret avec l'objet corélatif. Les mots de cette espece servent à distinguer les objets particuliers d'avec d'autres des mêmes especes, quand ces objets particuliers ne peuvent être désignés d'une maniere assez convenable par aucune qualité particuliere qui leur soit propre. Lorsque nous disons, par exemple, *l'arbre vert de la prairie*, nous distinguons un arbre particulier, non-seulement par la qualité qui lui appartient, mais encore par le rapport qu'il a avec un autre objet.

La qualité ni le rapport ne pouvant exister abstractivement, il est naturel de supposer que les mots qui les dénotent, considérés en concret, état dans lequel nous les voyons toujours, doivent avoir été plus anciennement inventés que ceux qui les expriment considérés abstractivement, état dans lequel nous ne les trouvons jamais. Les mots *vert* et *bleu* doivent, suivant toute probabilité, avoir été inventés plus tôt que ceux de *verdure* et *d'azur des cieux*; les mots *dessus* et *dessous* doivent aussi avoir été inventés avant ceux de *supériorité* et *d'infériorité*. Pour inventer des mots de ce dernier genre, il faut un beaucoup plus grand effort d'abstraction que pour en inventer du premier. Il est donc probable que des termes si abstraits sont d'une invention beaucoup plus récente ; cela est aussi prouvé en général par leurs étymologies, la plupart étant dérivés d'autres qui sont concrets.

Cependant, quoique l'invention des noms adjectifs soit beaucoup plus naturelle que celle des noms abstraits substantifs, qui dérivent d'eux, elle a encore demandé un degré considérable d'abstraction et de généralisation. Ceux, par exemple, qui les premiers ont inventé les mots *vert*, *bleu*, *rouge*, et les autres noms de couleurs, doivent avoir observé et comparé ensemble un grand nombre d'objets, avoir remarqué leurs ressemblances et leurs dissimilitudes par rapport à la qualité de la couleur, et enfin les avoir rangés dans leur esprit en différentes classes et divers assortimens, suivant ces ressemblances et ces dissimilitudes. Un adjectif est de sa nature un mot général, et en quelque sorte abstrait, et présuppose nécessairement l'idée d'une certaine espèce ou assortiment de choses, à toutes lesquelles il est également applicable. Le mot *vert* ne pouvait pas, comme nous avons supposé que c'était le cas du mot *caverne*, être originairement le nom d'un individu, et ensuite être devenu, par ce que les grammairiens appellent une antonomase, le nom d'une espèce. Ce mot *vert* dénotant, non pas le nom d'une substance, mais la qualité particulière d'une substance, doit, dès l'origine, avoir été un mot générique;

et considéré comme également applicable à toute autre substance ayant la même qualité. L'homme qui le premier distingua un objet particulier par l'épithète de *vert*, doit avoir observé d'autres objets qui n'étaient pas *verts*, d'avec lesquels il a voulu le séparer par cette appellation. L'établissement de ce nom suppose donc une comparaison ; il suppose pareillement quelque degré d'abstraction. La personne qui la premiere inventa cette maniere d'appeler, doit avoir distingué la qualité d'avec l'objet auquel il appartenait, et doit avoir conçu l'objet comme capable de subsister sans la qualité. Ainsi l'invention même des plus simples noms adjectifs a nécessairement exigé plus de métaphysique que nous ne sommes portés à l'imaginer. Les différentes opérations mentales d'arrangement ou de classement, de comparaison et d'abstraction, doivent avoir été toutes employées avant qu'on ait pu former même les noms des

différentes couleurs , les moins métaphysiques de tous les noms adjectifs. Je
conclus de tout cela , que quand les
langues commencerent à se former , les
noms adjectifs ne furent point les mots
les premiers inventés.

Il y a un autre moyen de dénoter les
différentes qualités des différentes substances , moyen qui , n'exigeant point
d'abstraction , ni qu'on conçoive aucune
séparation de la qualité d'avec le sujet ,
paraît plus naturel que l'invention des
noms adjectifs, et dont , par cette raison ,
on n'a guere pu manquer de s'aviser
avant de penser à eux, lors de la premiere formation des langues : ce moyen
est de faire quelque changement sur le
nom substantif même , suivant les différentes qualités dont il est doué. C'est
ainsi que dans beaucoup de langues les
qualités , tant du sexe que du manque
de sexe , sont exprimées par différentes
terminaisons dans les noms substantifs ,

terminaisons qui dénotent les objets ainsi qualifiés. Dans le latin, par exemple, *lupus*, *lupa* ; *equus*, *equa* ; *juvencus*, *juvenca* ; *Julius*, *Julia* ; *Lucretius*, *Lucretia* : dans le français, *Louis*, *Louise*, etc., dénotent les qualités de mâle et de femelle dans les personnes et les animaux auxquels ils appartiennent, sans qu'on ait besoin de mettre encore un adjectif pour remplir ce but. D'un autre côté, les mots *forum*, *pratum*, dénotent par leur terminaison particuliere l'absence totale du sexe dans les objets où cette terminaison est placée. Le sexe et le manque de tout sexe étant naturellement considérés comme des qualités modificatives et inséparables des substances particulieres à qui elles appartiennent, il était naturel de les exprimer plutôt par une modification dans le nom substantif que par aucun mot générique ou abstrait, indiquant cette espece particuliere de qualité. Il est évident que de cette maniere,

niere, l'expression a une analogie plus exacte avec l'idée ou l'objet qu'elle dé-note que dans l'autre. La qualité paraît dans la nature comme une modification de la substance, et elle est ainsi exprimée dans la langue par une modification du nom substantif qui dénote la substance; la qualité et le sujet sont, dans ce cas, liés ensemble, si je puis le dire, dans l'expression comme ils paraissent l'être dans l'objet et dans l'idée. De là l'origine des genres masculin, féminin et neutre dans toutes les anciennes langues; par ce moyen, la plus importante de toutes les distinctions, celle des substances en animées et en inanimées, et celle des animaux en mâles et en femelles, paraît avoir été suffisamment marquée sans le secours des adjectifs, ou d'aucun autre nom générique, dénotant ces especes de qualifications, qui sont les plus étendues de toutes.

Il n'existe que ces trois genres dans

toutes les langues que je connais ; c'est-à-dire que la formation des noms substantifs ne peut, par elle-même et si elle n'est pas accompagnée d'adjectifs, exprimer d'autres qualités que celle de mâle, de femelle, et d'êtres qui ne sont ni mâles ni femelles. Je ne serais cependant pas surpris que dans d'autres langues que j'ignore, la différente formation des noms substantifs fût susceptible d'exprimer beaucoup d'autres différentes qualités : les différens diminutifs de l'italien, et de quelques autres langues, expriment quelquefois réellement une grande variété de modifications dans les substances dénotées par ces noms, qui subissent de pareilles variations.

Il était cependant impossible que les noms substantifs pussent, sans perdre tout à fait leur forme originaire, subir un assez grand nombre de variations pour suffire à exprimer cette variété presque infinie de qualités, par lesquelles il devient nécessaire, dans différentes occasions, de les spécifier et de les distinguer. Quoique la différente formation des noms substantifs ait donc pu, pendant quelque tems, empêcher qu'il ne fût nécessaire d'inventer des noms adjectifs, il était impossible de détruire cette nécessité. Quand les noms adjectifs vinrent à être inventés, il était naturel qu'ils fussent formés de maniere à avoir quelque similitude avec les substantifs auxquels ils étaient destinés à servir d'épithetes ou de qualifications. On devait naturellement donner aux adjectifs les terminaisons des substantifs auxquels ils furent d'abord appliqués; et cet amour de la ressemblance des sons, ce plaisir qu'on trouve dans le retour des mêmes syllabes, qui est le fondement de l'analogie dans toutes les langues, devait porter à varier la terminaison du même adjectif, suivant qu'on avait occasion de l'appliquer à un substantif masculin, féminin, ou neutre.

On a donc dit *magnus lupus*, *magna lupa*, *magnum pratum*, quand on a voulu exprimer un grand loup, une grande louve, un grand pré.

Cette variation dans la terminaison de l'adjectif, suivant le genre du substantif, variation qui a lieu dans toutes les anciennes langues, paraît avoir été principalement introduite par l'amour d'une certaine similitude de sons, d'une certaine espece de rime, qui naturellement flatte beaucoup l'oreille. Il est à observer que le genre ne peut proprement appartenir à un nom adjectif, dont la signification est toujours précisément la même, à quelque espece de substantif qu'il soit appliqué. Quand nous disons *a great man*, *a great woman*, un grand homme, une grande femme, le mot *grand* (*great*) a précisément le même sens dans les deux cas; et la différence de sexe dans les sujets auxquels il peut être appliqué, n'apporte aucune différence dans sa signification.

De la même maniere, *magnus*, *magra*, *magnum* sont des mots qui expriment précisément la même qualité, et le changement de terminaison n'est accompagné d'aucune espece de variation par rapport à leur sens ; le sexe et le genre sont des qualités qui appartiennent aux substances, mais qui ne peuvent appartenir aux qualités des substances. En général aucune qualité, quand elle est considérée dans la forme concrete, (*in concret*) ou comme qualifiant quelque sujet particulier, ne peut elle-même être conçue comme le sujet d'aucune autre qualité, quoique cela puisse avoir lieu quand elle est considérée abstractivement : aucun adjectif ne peut donc qualifier un autre adjectif. Un *grand bon homme* signifie un homme qui est tout à la fois *grand* et *bon* ; les deux adjectifs qualifient le substantif, mais ils ne se qualifient pas l'un l'autre. D'un autre côté, quand nous disons la *grande bonté* d'un homme, le mot *bonté* dénotant une

B 3

qualité considérée abstractivement, qui peut être elle - même le sujet d'autres qualités, est par cette raison susceptible d'être qualifiée par le mot *grand*.

Si l'invention originaire des noms adjectifs dût être accompagnée de tant de difficultés, celle des prépositions en offrait encore plus; chaque préposition, comme je l'ai déjà observé, dénote quelque relation considérée en concret avec l'objet corélatif. La préposition *dessus*, par exemple, dénote la relation de supériorité, non abstractivement comme elle est exprimée par le mot de *supériorité*, mais en concret avec quelque objet corélatif. Par exemple dans cette phrase : *l'arbre au dessus de la caverne*, le mot *au dessus* exprime une certaine relation entre l'arbre et la caverne, et il exprime cette relation en concret avec l'objet corélatif, *la caverne*. Une préposition exige toujours, afin de compléter le sens, quelque autre mot qui la suive; comme on peut l'observer dans ce membre de phrase cité : *l'arbre au dessus de la caverne*. Or je dis que l'invention de pareils mots a dû exiger un effort encore plus grand d'abstraction et de généralisation, que celle des noms adjectifs. D'abord, une relation est en elle-même un objet plus métaphysique qu'une qualité ; personne ne sera embarrassé d'expliquer ce qu'on entend par une qualité ; mais peu de gens seront eux-mêmes en état d'exprimer , d'une maniere très-claire , ce que c'est qu'une relation ou un rapport : les qualités sont presque toujours les objets de nos sens extérieurs ; les rapports ne le sont jamais ; il n'est donc pas étonnant que l'un de ces genres d'objets soit beaucoup plus facile à comprendre que l'autre. Secondement, quoique les prépositions expriment toujours le rapport dans lequel elles sont en concret avec l'objet corélatif, elles n'ont pu être formées originairement sans un effort considérable d'abstraction : une préposition dénote une relation, et rien qu'une relation ; mais avant que les hommes aient pu créer une espece de mots qui signifiait une relation, et rien qu'une relation, ils ont dû être capables, en quelque sorte, de considérer cette relation, abstraction faite des objets avec lesquels la relation a lieu, puisque l'idée de ces objets ne doit entrer, à aucun égard, dans la signification de la préposition : l'invention d'un pareil mot doit donc avoir exigé un degré considérable d'abstraction. Troisiémement, une préposition est de sa nature un mot général qui, d'après sa premiere institution, doit avoir été regardé comme également applicable pour dénoter toute autre semblable relation. L'homme qui le premier inventa le mot *dessus*, doit non-seulement avoir distingué en quelque sorte la relation de supériorité de la part des objets entre lesquels existait ce rapport, mais il doit avoir aussi distingué cette relation d'avec les autres relations, telles que celle de l'infériorité dénotée par le mot *dessous*, de la relation de juxta-position exprimée par le mot *à côté*, etc.; il doit donc avoir conçu ce mot comme exprimant une espece particuliere de relation, distinguée de toute autre, ce qui ne pouvait se faire sans un effort considérable de comparaison et de généralisation.

Quelles que fussent par conséquent les difficultés qu'on avait à surmonter pour la premiere invention des noms adjectifs, les mêmes et un plus grand nombre doivent s'être rencontrées dans celle des prépositions. Si donc les hommes, lors de la premiere formation des langues, paraissent avoir éludé pendant quelque tems la nécessité des noms adjectifs, en variant la terminaison des noms des substances, suivant que celles-ci variaient dans quelques-unes de leurs plus importantes qualités, ils se trouvaient bien plus fortement

contraints d'éluder, par quelque expédient semblable, l'invention encore plus
difficile des prépositions. La différence
des cas, dans les anciennes langues, est
précisément un procédé du même genre ;
les cas du génitif et du datif, dans le grec
et le latin, tiennent évidemment la place
des prépositions ; et par une variation
dans le nom substantif, variation qui
équivaut au terme corélatif, ils expriment
la relation qui subsiste entre ce qui est
désigné par ce nom substantif, et ce qui
est exprimé par quelque autre mot dans
la phrase. Par exemple, dans ces expressions : *fructus arboris*, *le fruit de l'arbre*;
sacer Herculi, *consacré à Hercule*, les changemens opérés dans les mots corélatifs
arbor et *Hercules*, expriment les mêmes
rapports qui sont exprimés en français
par les prépositions *de* et *à*.

Il ne fallait aucun effort d'abstraction
pour exprimer de cette maniere une relation ; elle n'était pas exprimée ici par

un mot particulier dénotant la relation uniquement, mais par une variation dans le terme corélatif; elle était exprimée ici comme elle paraît dans la Nature, non comme quelque chose de séparé et de caché, mais comme étant entiérement mêlé avec l'objet corélatif. (2)

Exprimer la relation de cette maniere n'exigeait aucun effort de généralisation; les mots *arboris* et *Herculi*, en même tems qu'ils renferment dans leur signification la même relation ou le même rapport qui est exprimé par les prépositions françaises *de* et *à*, ne sont pas comme ces prépositions des mots génériques, qu'on peut employer à exprimer le même rapport entre tous les objets dans lesquels on le voit exister.

Exprimer la relation de cette maniere

(2) Il est assez singulier que dans l'hébreu, pour exprimer *le livre de Pierre*, on dise *libri Petrus* au lieu de *liber Petri*. Je dois cette observation au citoyen François-Jacques Fariau, l'ainé, frere du traducteur des Métamorphoses d'Ovide. (*Note du traducteur.*)

n'exigeait aucun effort de comparaison ; les mots *arboris* et *Herculi* ne sont pas des mots génériques, destinés à désigner une espece particuliere de relation , que les inventeurs de ces expressions se soient proposé , en conséquence de quelque espece de comparaison , de séparer et de distinguer de toute autre sorte de relation. A la vérité , l'exemple de ce procédé aura probablement été bientôt suivi ; et quiconque avait l'occasion d'exprimer une semblable relation entre quelque autre objet que ce fût , aura été porté à le faire en adaptant une semblable modification au nom de l'objet corélatif ; cela, dis-je , sera vraisemblablement, ou plutôt certainement arrivé ; mais sans aucune intention ou prévoyance particuliere dans ceux qui les premiers en donnerent l'exemple , et qui n'entendirent jamais établir aucune regle générale. La regle générale se sera établie elle-même lentement et insensiblement , par suite de cet amour pour l'analogie et la similitude des sons, qui est, sans contredit, le fondement de la plus grande partie des regles de la grammaire.

Le procédé d'exprimer la relation par une variation ou modification de l'objet corélatif, n'exigeant ni abstraction, ni généralisation, ni comparaison d'aucune espece, était donc d'abord beaucoup plus naturel et plus facile que celui de l'exprimer par ces mots généraux appelés *prépositions*, dont la premiere invention doit avoir exigé toutes ces opérations jusqu'à un certain degré.

Le nombre des cas est différent dans les différentes langues : il y en a cinq dans le grec, six dans le latin ; et on dit qu'il y en a dix dans l'arménien. Il a dû naturellement arriver qu'il s'est trouvé un plus grand ou un plus petit nombre de cas, suivant que, dans les terminaisons des noms substantifs, les créateurs d'une langue ont établi un plus grand ou un plus petit nombre de variations , afin d'exprimer les différens rapports qu'ils avaient eu occasion d'observer avant l'invention de ces prépositions plus générales et abstraites qui pouvaient en tenir lieu.

C'est peut-être une chose qui mérite d'être remarquée, que ces prépositions, qui dans les langues modernes tiennent lieu des anciens cas , sont les plus générales, les plus abstraites , et les plus métaphysiques de toutes , et que par conséquent elles doivent avoir été les dernieres inventées. Demandez à un homme d'une sagacité ordinaire , quel est le rapport exprimé par la préposition *dessus* ? il répondra sur le champ, celui de supériorité par la préposition *dessous* ? il répondra tout aussi vîte , celui d'infériorité : mais demandez-lui quel est le rapport exprimé par la préposition *de* ; et s'il n'a pas auparavant réfléchi long-tems sur ces objets, vous pouvez hardiment lui accorder une semaine pour songer à sa réponse. Les prépositions *dessus* et *dessous* ne dénotent aucun des rapports exprimés par les cas dans les anciennes langues; mais la préposition *de* dénote le même rapport qui y est exprimé par le cas du génitif, et qui, suivant qu'il est aisé de l'observer, est d'une nature très-métaphysique; la préposition *de* dénote le rapport en général, considéré en concret avec l'objet corélatif; elle marque que le nom substantif qui le précede a un rapport quelconque avec celui qui le suit, mais sans spécifier à aucun égard, comme le fait la préposition *dessus*, quelle est la nature particuliere de ce rapport. Nous l'appliquons donc souvent à exprimer les rapports les plus opposés, parce que les rapports les plus opposés ont cela de commun, que chacun d'eux renferme en lui-même l'idée générale ou la nature d'un rapport. Nous disons *le pere du fils*, et *le fils du pere*; *les pins de la forêt*, et *la forêt des pins* : évidemment le rapport que le pere a avec le fils , est un rapport entiérement opposé à celui que le fils a avec le pere. Celui que les parties ont avec le tout, est absolument opposé à celui que le tout a avec les parties. Cependant le mot *de* sert très-bien à marquer tous ces rapports , parce qu'il ne marque par lui-même aucun rapport particulier, mais qu'il indique seulement le rapport en général ; et toute l'idée d'un rapport particulier que de pareilles expressions peuvent fournir à l'esprit, il la tire non de la préposition elle-même , mais de la nature et de l'arrangement des substantifs entre lesquels la préposition est placée.

Ce que j'ai dit concernant la préposition *de*, peut en quelque sorte s'appliquer aux prépositions *à* , *pour* , *avec* , et à toutes les autres prépositions dont on fait usage dans les langues modernes pour tenir lieu des anciens cas. Toutes expriment des rapports très-abstraits et très-métaphysiques , que tout homme qui

prendra

prendra la peine de les examiner, trouvera extrêmement difficile d'exprimer par
des noms substantifs, de la même maniere que nous exprimons le rapport que
marque la préposition *dessus*, par le nom
substantif *supériorité*. Cependant toutes
expriment quelque rapport spécifique ;
en conséquence aucune d'elles n'est aussi
abstraite que la préposition *de*, qu'on
peut regarder comme beaucoup plus métaphysique que toutes les autres prépositions : aussi les prépositions qui sont
capables de tenir lieu des anciens cas,
étant plus abstraites que les autres prépositions, devaient naturellement être
plus difficiles à inventer ; en même tems
les rapports que ces prépositions expriment sont de tous les rapports ceux que
nous avons le plus souvent occasion de
rappeler. Dans les langues modernes,
on fait beaucoup plus rarement usage
des prépositions *dessus*, *près*, *dedans*, *dehors*, *contre*, etc., que des prépositions

de, *à*, *pour*, *avec*. (3) Une des prépositions de la premiere espece, que nous
venons de citer, ne se trouvera pas deux
fois dans une page, tandis que nous pouvons à peine composer une seule phrase
sans le secours d'une ou deux des dernieres. Si donc ces dernieres prépositions,
qui suppléent aux cas, étaient si difficiles
à inventer à cause de leur abstraction,
il y avait un besoin indispensable de
trouver quelque expédient pour en tenir
lieu, à cause des occasions fréquentes
qui se présentent de prendre connaissance
des rapports qu'elles dénotent ; mais il
n'y a pas d'expédient qui se présente aussi
facilement que celui de varier la terminaison de l'un des principaux mots. (4)

Il n'est peut-être pas nécessaire d'ob-

(3) On voit même que ces prépositions *dessus*, *dessous*,
dedans, *dehors*, sont déjà elles-mêmes des mots composés
des mots *de*, *sur*, *hors*, *dans*, &c. (*Note du trad.*)

(4) Peut-être pourrait-on objecter à ce système, que les cas
n'ont été imaginés que pour qu'on fût en état de reconnaître
le sens dans les langues à inversion. (*Note du trad.*)

server qu'il y a , dans les anciennes langues , quelques cas qui ne peuvent être représentés par aucunes préposi- tions : ces cas sont le nominatif, l'accu- satif et le vocatif. Dans ces langues modernes , qui n'admettent aucune sem- blable variété dans les terminaisons de leurs noms substantifs , les rapports cor- respondans sont exprimés par la place des mots, et par l'ordre et la construc- tion de la phrase.

Comme les hommes ont autant d'oc- casions de faire mention de plusieurs objets que d'un seul , il devint nécessaire qu'ils eussent quelque moyen d'exprimer le nombre. Le nombre peut être exprimé ou par un mot particulier , exprimant le nombre en général , tel que les mots *beaucoup* , *plusieurs* , etc. , ou par quelque modification dans les mots qui expriment les choses comptées. C'est vraisemblable- ment ce dernier expédient auquel les hommes ont eu recours dans l'enfance de la langue. Le nombre considéré en général, sans être rapporté à aucune suite particuliere d'objets comptés, est l'une des idées les plus abstraites et les plus métaphysiques que l'esprit de l'homme soit capable de former; et par conséquent ce n'est pas une idée qui doive se présenter promptement aux hommes grossiers qui ne font que commencer à former une langue; ainsi ils ont dû naturellement distinguer, quand ils parlaient d'un seul objet ou de plusieurs, non par aucun adjectif métaphysique tel que ceux des Anglais *a*, *an*, *many*, (un, plusieurs) mais par une variation dans la terminaison du mot qui signifiait les objets comptés. Telle est l'origine des nombres singulier et pluriel dans toutes les langues anciennes; on a conservé également la même distinction dans toutes les langues modernes, au moins dans la plus grande partie des mots.

Toutes les langues primitives, et non

composées, paraissent avoir un duel ainsi qu'un pluriel : c'est le cas du grec, et, à ce qu'on m'a dit, de l'hébreu, du gothique, et de beaucoup d'autres langues. Dans les commencemens grossiers de la société, *un*, *deux* et *plus*, ont peut-être été toutes les distinctions numériques que les hommes ont eu occasion de remarquer ; ils trouverent plus naturel de les exprimer par une variation dans chaque nom substantif particulier, que par des mots génériques et abstraits, tels que *un*, *deux*, *trois*, *quatre*, etc. Quoique l'habitude nous ait rendu ces derniers mots familiers, ils expriment peut-être les abstractions les plus subtiles et les plus rafinées que l'esprit humain soit capable de former. Que chacun considere, par exemple, en lui-même ce qu'il entend par le mot *trois*, qui ne signifie ni trois hommes, ni trois chevaux, ni trois sous, ni trois deniers, mais trois en général, et il conviendra aisément qu'un mot qui

dénote en général une abstraction si métaphysique, ne peut être une découverte
ni si facile à faire, ni si ancienne. J'ai lu
qu'il y avait quelques peuples de sauvages
dont la langue ne pouvait exprimer que
jusqu'à trois ; mais je ne me rappelle pas
d'avoir rien vu qui pût déterminer si cette
langue exprimait ces distinctions par trois
mots généraux, ou par des modifications
du nom substantif, qui servissent à marquer les choses comptées.

Comme tous les rapports qui subsistent
avec un objet peuvent subsister avec plusieurs, il est évident qu'il y a lieu au
même nombre de cas pour le duel et le
pluriel que pour le singulier. De là vient
la difficulté et la complication des déclinaisons dans toutes les anciennes langues.
Dans le grec, il y a cinq cas dans chacun
de ces trois nombres, et par conséquent
quinze en tout.

Les noms adjectifs dans les anciennes
langues variant leurs terminaisons suivant

le genre du substantif auquel ils sont appliqués, ils le font également suivant le cas et le nombre. Ainsi chaque nom adjectif, dans la langue grecque ayant trois genres et trois nombres, et cinq cas dans chaque nombre, peut être considéré comme ayant quarante-cinq modifications différentes. Les fondateurs des langues paraissent avoir varié la terminaison de l'adjectif, suivant le cas et le nombre du substantif, par la même raison qui la leur fit varier suivant le genre, savoir l'amour de l'analogie et d'une certaine régularité de sons. Dans la signification des adjectifs, il n'y a ni cas ni nombre, et le sens de pareils mots est toujours précisément le même, malgré toute la variété des terminaisons sous lesquelles on les voit. *Magnus vir, magni viri, magnorum virorum; a great man, of a great man, of great men;* (a) dans toutes ces

____

(a) Un grand homme, d'un grand homme, des grands hommes.

expressions les mots *magnus*, *magni*, *magnorum*, ainsi que le mot *great* ou *grand*, ont précisément une même et unique signification, quoiqu'il n'en soit pas de même pour les substantifs auxquels ils sont appliqués. La différence de terminaison dans le nom adjectif n'est accompagnée d'aucune espece de différence dans le sens; un adjectif dénote la qualification du nom substantif; mais les différens rapports dans lesquels le nom substantif peut se trouver suivant l'occasion, ne peuvent produire aucune espece de différence sur sa qualification.

Si les déclinaisons des langues anciennes sont si compliquées, leurs conjugaisons le sont encore plus; et la complication des unes est fondée sur le même principe que celle des autres, la difficulté de créer des termes génériques et abstraits, lors de l'origine d'une langue.

Les verbes doivent nécessairement être du même tems que les premiers efforts faits pour la formation d'une langue. On ne peut exprimer une affirmation sans le secours de quelque verbe. (5) Nous ne parlons jamais que pour exprimer notre opinion que quelque chose est ou n'est pas ; mais le mot marquant cet événement ou ce fait, qui est le sujet de notre affirmation, doit toujours être un verbe.

Les verbes impersonnels qui expriment en un seul mot un événement complet, qui conservent dans l'expression cette simplicité et cette unité parfaite existant toujours dans l'objet et dans l'idée, et qui ne supposent point d'abstraction ou de division métaphysique de l'événement dans ses différens membres constituans de

(5) Dans l'hébreu, pour dire *Pierre est riche*, on dit seulement *Pierre riche*; aucun verbe, à la vérité, n'a de présent dans cette langue : un substantif suivi d'un adjectif y exprime seul une proposition affirmative au présent. On m'a assuré que le génie de cette langue ne souffre guere d'adjectif qui y soit purement épithete ; ainsi on ne pourrait guere y dire : *louez le Dieu bienfesant ;* mais on y dirait : *louez Dieu, car ou qui bienfesant,* c'est-à-dire, car *il est bienfesant,* ou *qui est bienfesant.* (*Note du traducteur, qui doit ces observations au citoyen Fariau.*)

sujet et d'attribut, furent, suivant toute
apparence, la premiere espece de verbes
inventée. Chacun des verbes suivans :
pluit, *il pleut* ; *ningit*, *il neige* ; *tonat*, *il
tonne* ; *lucet*, *il fait jour*, exprime une
affirmation complette, la totalité d'un
événement, avec cette simplicité et cette
unité parfaites, avec lesquelles l'esprit la
conçoit dans la Nature. Au contraire,
les phrases, *Alexander ambulat*, *Alexandre
marche* ; *Petrus sedet*, *Pierre est assis*, par-
tagent l'événement, pour ainsi dire, en
deux parties, savoir, la personne ou le
sujet, et l'attribut ou le fait qu'on affirme
du sujet ; mais dans la Nature, l'idée ou
la conception d'Alexandre marchant est
parfaitement et d'une maniere aussi complette, une simple conception que celle
d'Alexandre ne marchant pas ; ainsi la
division de cet événement en deux parties est tout à fait artificielle, et l'effet de
l'imperfection de la langue, qui, dans
cette occasion, comme dans beaucoup

d'autres, supplée par plusieurs mots au manque d'un seul, qui puisse exprimer seul tout un fait qu'on se propose d'affirmer.. Chacun peut remarquer combien l'expression *pluit*, *il pleut*, est plus naturelle que les expressions artificielles, *imber decidit*, *la pluie tombe*, ou *tempestas est pluvia*, *la maniere d'être du tems est la pluie*, etc. Dans ces deux dernieres expressions, le simple événement ou le fait est divisé artificiellement, savoir dans la premiere en deux parties, et dans la seconde en trois ; dans chacune d'elles il est exprimé par une espece de circonlocution grammaticale, dont la signification est fondée sur une certaine analyse métaphysique des parties composant l'idée exprimée par le mot *pluit*, *il pleut* ; ainsi les premiers verbes, peut-être même les premiers mots dont on a fait usage lors de l'origine des langues, ont dû probablement être de pareils verbes impersonnels ; aussi ai-je entendu dire par des

grammairiens hébreux, que les mots ra-
dicaux de leur langue, dont tous les
autres sont dérivés, sont tous des verbes,
et des verbes impersonnels. (6)

Il est facile de concevoir comment,
dans le progrès du langage, ces verbes
impersonnels sont devenus personnels.
Supposons, par exemple, que le mot
venit, *il vient*, fût originairement un verbe
impersonnel, et qu'il dénotât, non l'arrivée de quelque chose en général comme
à présent, mais l'arrivée d'un objet particulier tel qu'un lion; nous supposerons
donc que quand les premiers inventeurs
du langage, qui vivaient dans l'état sau-
vage, voyaient approcher ce terrible ani-
mal, ils étaient accoutumés à crier l'un

(6) Un citoyen savant, que j'ai déjà nommé, (le citoyen
Fariau, l'aîné, nommé par le département de Paris professeur de langue espagnole,) serait porté à croire que les verbes
viennent au contraire des substantifs; il se fonde sur ce
qu'en anglais, *love* signifie *amour*; et que dans *to love*, qui
signifie *aimer*, on est obligé d'ajouter *to*, caractère de l'infi-
nitif. (*Note du traducteur.*)

à l'autre, *venit*, c'est-à-dire, *le lion vient*; et que ce mot exprimait ainsi un événement complet sans le secours d'aucun autre. Dans la suite, quand d'après les progrès ultérieurs de la langue ils eurent commencé à donner des noms aux substances particulieres, toutes les fois qu'ils observerent l'approche de quelque objet terrible, ils joignirent naturellement le nom de cet objet au mot *venit*, et s'écrierent, *venit ursus*, *venit lupus*; *l'ours vient*, *le loup vient*. Ce fut ainsi que le mot *venit* parvint par degrés à signifier l'arrivée de tout objet terrible, et non pas uniquement l'arrivée du lion; il signifia donc ainsi non l'arrivée d'un objet particulier, mais l'arrivée d'un objet d'une espece particuliere; étant devenu plus général dans sa signification, il ne fut plus dorénavant propre à représenter aucun événement particulier distinct, par lui-même et sans le secours d'un nom substantif, qui pût fixer d'une maniere certaine et déterminer sa signification : il devint donc alors un verbe personnel, au lieu d'un verbe impersonnel. Nous pouvons aisément concevoir comment, lors des progrès ultérieurs de la société, il put acquérir encore une signification plus générale, et parvenir à exprimer, comme à présent, l'approche de tout objet, tant bon que mauvais ou indifférent.

Il est probable que c'est d'une maniere pareille à celle-ci que presque tous les verbes sont devenus personnels, et que les hommes ont appris par degrés à diviser presque tous les événemens en un grand nombre de parties métaphysiques, exprimées par les différentes parties du discours, diversement combinées dans les différens membres de chaque phrase et de chaque pensée. (7) On paraît avoir

(7) Comme la plupart des verbes expriment à présent, non un événement, mais l'attribut d'un événement, et ont en conséquence besoin d'un sujet ou d'un cas nominatif pour completter leur signification, quelques grammairiens n'ayant pas fait attention à cette marche de la Nature, et

fait la même espece de progrès dans l'art de penser que dans l'art d'écrire. Quand le genre humain commença à exprimer ses idées par l'écriture, chaque caractere représenta un mot tout entier ; mais le nombre des mots étant presque infini, la mémoire elle-même se trouva tout à fait surchargée par la multitude de caracteres qu'elle était obligée de retenir. La nécessité apprit donc aux hommes à diviser les mots dans leurs élémens, et à inventer des caracteres qui représentassent non les mots eux-mêmes, mais les élémens dont ils étaient composés. En conséquence de cette invention, chaque mot particulier

desirant de rendre leurs regles communes absolument universelles et sans aucune exception, ont soutenu que tous les verbes exigeaient un nominatif, soit exprimé, soit sous-entendu, et se sont en conséquence mis eux-mêmes à la torture pour trouver quelques bizarres nominatifs à ce petit nombre de verbes, qui évidemment n'en admettent aucun, puisqu'ils expriment toujours un événement complet. *Pluit*, *il pleut*, par exemple, suivant Sanctius, signifie *pluvia pluit*, ou en français, *la pluie pleut*. Voyez *Sanctii Minerva*, liv. III, chap. I. (*Note de Smith*.) — Il ne serait peut-être pas déraisonnable de dire que *pluit* signifie *cœlum pluit*. (*Note du trad.*)

devint représenté, non par un seul caractere, mais par une multitude de caracteres ; et l'expression de ce mot dans
l'écriture devint beaucoup plus compliquée qu'auparavant ; mais quoique les
mots particuliers fussent ainsi représentés
par un plus grand nombre de caracteres,
la totalité de la langue était exprimée par
un beaucoup plus petit, et environ vingt-
quatre lettres furent trouvées capables de
tenir lieu de cette multitude immense de
caracteres qui étaient auparavant nécessaires. De la même maniere, lors du com-
mencement des langues, les hommes
paraissent avoir essayé d'exprimer chaque
événement particulier qu'ils avaient eu
occasion d'observer, par un mot particulier qui exprimait tout à la fois la totalité de cet événement. Mais comme le
nombre des mots doit dans ce cas être
devenu réellement infini, en conséquence
de la variété réellement infinie des événemens, les hommes se trouverent eux-
mêmes

même en partie forcés par la nécessité, et en partie conduits par la nature, à partager chaque événement en ce qu'on peut appeler ses élémens métaphysiques, et à établir des mots qui dénotassent, non pas tant les événemens, que les élémens dont ils étaient composés. L'expression de chaque événement particulier, devint plus compliquée par ce procédé ; mais tout le systême de la langue, fut plus cohérent, plus lié, et plus facile à retenir et à comprendre.

Lorsque les verbes, après avoir été originairement impersonnels, furent ainsi devenus personnels par la division de l'événement dans ses élémens métaphysiques, il est naturel de présumer qu'on les employa à la troisième personne du singulier. On ne se sert jamais impersonnellement d'aucun verbe dans notre langue, ni, du moins que je sache, dans aucune langue moderne. Mais dans les langues anciennes, tout verbe dont on

fait usage impersonnellement, est toujours à la troisieme personne du singulier. La terminaison de ces verbes, qui
sont toujours impersonnels, est constamment la même que celle de la troisieme
personne du singulier des verbes personnels. La considération de ces circons-
tances, jointe à la nature de la chose
elle-même, peut servir à nous convaincre
que les verbes devinrent d'abord personnels dans ce qu'on appelle maintenant
la troisieme personne du singulier.

Mais comme l'événement ou la matiere
du fait peut être affirmé, soit de la
personne qui parle, soit de la personne
à qui on parle, ainsi que de toute autre
personne ou objet, il devint nécessaire
de trouver quelque moyen d'exprimer
ces deux rapports particuliers de l'événement. On remplit communément ce
but dans la langue anglaise, en mettant
ce qu'on appelle les pronoms personnels
devant le mot générique, qui exprime

l'événement affirmé. Prenons pour exemple ces mots ; *i came, you came, he or it came ; je vins, vous vîntes, il* ou *cela vint :* le fait d'être venu est affirmé , savoir dans la premiere de ces trois phrases de celui qui parle; dans la seconde, de celui à qui on parle , et dans la troisieme de quelque autre personne ou objet. On peut présumer que les premiers formateurs de la langue ont pu faire la même chose ; et qu'en mettant de la même maniere les deux premiers pronoms personnels avant la même terminaison du verbe , qui exprimait la troisieme personne du singulier , ils ont pu dire *ego venit , tu venit ,* aussi bien que *ille* ou *illud venit ,* et je ne doute pas qu'ils ne l'eussent fait , si, en même tems qu'ils eurent la premiere occasion d'exprimer ces rapports du verbe , ils avaient eu dans leur langue des mots tels que ceux d'*ego* ou de *tu ,* c'est-à-dire de *moi* ou de *vous.* Mais il n'est point du tout

D 2

vraisemblable qu'on connut aucun mot pareil à cette époque ancienne de leur langue dont nous parlons maintenant.

Quoique l'habitude nous les ait maintenant rendus familiers, chacun de ces deux mots *moi* et *tu* exprime des idées extrêmement métaphysiques et abstraites. Le mot *moi*, par exemple, est un mot d'une espece très-particuliere. Quiconque parle peut s'indiquer lui-même par ce pronom personnel. Le mot *moi* est donc un mot générique, susceptible d'être employé comme le prédicament (suivant l'expression des logiciens) pour une variété infinie d'objets. Il differe cependant de tous les autres à cet égard, que les objets dont il peut être *prédicable* ne forment aucune espece particuliere d'objets, distinguée de toutes les autres. Le mot *moi* ne dénote point, comme le mot *man* ou *on* une classe particuliere d'objets, séparée de toutes les autres par des qualités particulieres qui lui appartiennent. *Il* est loin d'être le nom d'une espece ; mais au contraire toutes les fois qu'on en fait usage, il dénote toujours un individu précis, la personne particuliere qui parle alors. On peut dire qu'il est tout à la fois, ce que les logiciens appellent un terme singulier et ce qu'ils appellent un terme commun ; et qu'il réunit dans sa signification les qualités qui paraissent opposées de l'individualité la plus précise et de la généralisation la plus étendue. Ainsi ce mot exprimant une idée si abstraite et si métaphysique ne pouvait pas se présenter aisément et promptement aux premiers formateurs de la langue. On peut observer, que ce qu'on appelle les pronoms personnels est au nombre des derniers mots dont l'enfant apprend à faire usage. Un enfant parlant de lui-même dit : *Henry marche*, *Henry est assis*, au lieu de *je marche*, *je suis assis*. De même donc que lors de l'origine des langues, les hommes ont paru éluder l'invention au moins des prépositions les plus abstraites , et avoir exprimé les mêmes rapports qu'elles sont maintenant destinées à exprimer, en variant la termi naison du terme corélatif, ainsi ils ont naturellement essayé d'éluder la nécessité d'inventer ces pronoms plus abstraits en variant la terminaison du verbe, suivant qu'on se proposait d'affirmer de la pre miere , de la seconde ou de la troisieme personne , l'événement qu'il exprimait. Tel paraît être aussi la pratique univer- selle de toutes les anciennes langues. Dans le latin ; *veni, venisti, venit*, dénote suffisamment, sans aucune autre addition, les différens événemens exprimés par les phrases françaises, *je suis venu, vous êtes venu, il est venu*. Le verbe par la même raison varia ses terminaisons suivant qu'on se proposait d'affirmer l'événement de la premiere, de la seconde ou de la troisieme personne du pluriel ; et ce qui est exprimé par les phrases françaises,

nous vinmes, *vous vintes*, *ils vinrent*, était
exprimé par les mots *venimus*, *venistis*,
venerunt. Ces langues primitives, qui par
rapport à la difficulté d'inventer des
nombres pluriels, ont inventé le duel ainsi
que le pluriel dans la déclinaison de
leurs noms substantifs, firent probablement la même chose par analogie dans
la conjugaison de leurs verbes. Ainsi
nous pouvons nous attendre à trouver
dans toutes ces langues originales, au
moins six, si nous ne trouvons pas même
huit ou neuf de ces variations dans la
terminaison de chaque verbe, suivant
qu'on avait pour but d'affirmer de la
premiere, de la seconde ou de la
troisieme personne du singulier, du
duel, ou du pluriel, l'événement dont
on parlait. Ces variations étant de nouveau répétées avec les autres dans tous ces
différens tems, dans tous ces différens
modes, dans toutes ces différentes voix,
doivent nécessairement avoir rendu leurs

conjugaisons encore plus compliquées que leurs déclinaisons.

La langue serait vraisemblablement restée en cet état dans tous les pays, et elle ne serait point devenue plus simple dans ses déclinaisons et ses conjugaisons, si elle n'était pas devenue plus compliquée dans sa composition, en conséquence du mélange de plusieurs langues entre elles, occasionné par le mélange de différentes nations. Tant qu'une langue quelconque fut parlée seulement par ceux qui l'avaient apprise dans leur enfance, la complication de ses déclinaisons et conjugaisons ne pouvait occasionner beaucoup d'embarras. La très-grande partie de ceux qui avaient occasion de la parler, l'avaient apprise dans un âge si peu avancé, d'une manière si insensible et par des degrés si lents, qu'ils en sentaient à peine la difficulté. Mais quand deux nations vinrent à se mêler l'une à l'autre, soit par la conquête, soit par la migration, le cas était très-différent. Chaque peuple, pour se faire entendre lui-même de ceux avec qui il lui était nécessaire de converser, était obligé d'apprendre la langue de l'autre. La très-grande partie des individus apprenant la nouvelle langue, non par art, ou en remontant à ses rudimens ou ses premiers principes, mais par routine et par ce qu'ils entendaient dire dans la conversation, était extrêmement tourmentée par la complication de ses déclinaisons et de ses conjugaisons. Ces individus s'efforcerent donc de remédier à leur ignorance de celle-ci, par les moyens que la langue pouvait leur procurer. Ils suppléerent naturellement à leur ignorance des déclinaisons par l'usage des prépositions; et s'il arrivait qu'un lombard essayant de parler latin, et ayant besoin d'exprimer que tel homme était citoyen ou bienfaiteur de Rome, ne connut point les cas du génitif et du datif du mot *Roma*, il était naturellement porté à y suppléer en mettant les prépositions *ad* et *de* devant le nominatif; et au lieu de *roma*, il disait *ad Roma* et *de Roma* : aussi *al Roma* et *di Roma*. Telle est la maniere dont les italiens actuels, les descendans des anciens Lombards ou Romains, expriment ce rapport et tous les autres semblables. C'est de cette maniere que les prépositions paraissent avoir été introduites à la place des anciennes déclinaisons. J'ai appris qu'on avait fait la même altération dans la langue grecque depuis la prise de Constantinople par les Turcs. Les mots sont en grande partie les mêmes qu'auparavant, mais la grammaire a entiérement disparu, les prépositions ayant remplacé les anciennes déclinaisons. Ce changement est incontestablement une simplification de la langue, par rapport aux rudimens et au principe. Au lieu d'une grande variété de déclinaisons, il en introduit une seule qui est la même dans chaque mot, quel que soit son genre, son nombre et sa terminaison.

Un pareil expédient met les hommes qui sont dans la situation dont il vient d'être parlé, en état de se délivrer de tout l'embarras de leurs conjugaisons. Il existe dans toutes les langues un verbe connu par le nom de verbe substantif, en latin *sum*, en français *je suis*. Ce verbe exprime non l'existence d'aucun événement particulier, mais l'existence en général. Ainsi c'est le plus abstrait et le plus métaphysique de tous les verbes, et par conséquent ce ne peut être un mot qui ait été inventé de bonne heure. Cependant quand il fut inventé, comme il avait tous les tems et les modes de tous les autres verbes, en étant joint au participe passif, il put tenir lieu de toute la voie passive ; et mettre autant de simplicité et d'uniformité dans leurs conjugaisons, que l'usage des prépositions l'avait fait dans leurs déclinaisons.

Un lombard qui voulait dire *je suis aimé*, mais qui ne pouvait pas se rappeler le mot *amor*, s'efforçait naturellement de suppléer à son ignorance en disant : *ego sum amatus* ; *io sono amato* est aujourd'hui l'expression italienne qui répond à la phrase française ci-dessus rapportée.

Il y a un autre verbe qui existe de même dans toutes les langues et qui est distingué par le nom de verbe possessif, en latin *habeo*, en français *j'ai*. Ce verbe exprime aussi un événement d'une nature extrêmement abstraite et métaphysique ; on ne peut parconséquent supposer que c'ait été un mot inventé de très bonne heure. Cependant lorsqu'il fut inventé, en l'appliquant au participe passif, il était en état de tenir lieu d'une grande partie du verbe actif, comme le verbe substantif tenait lieu de tout le passif. Un lombard qui voulait dire *j'avais aimé*, mais qui ne pouvait se rappeler le mot *amaveram*, s'efforçait d'y suppléer en disant *ou ego habebam amatum* ou *ego habui amatum* : *io aveva amato* ou *io ebbi amato* sont aujourd'hui les expressions italiennes qui y correspondent. Ainsi d'après le mélange des différentes nations l'une avec l'autre, les différens verbes auxiliaires firent approcher les conjugaisons de la simplicité et de l'uniformité des déclinaisons.

En général on peut établir pour maxime, que plus une langue est simple dans sa composition, plus elle doit être compliquée dans ses déclinaisons et ses conjugaisons; et qu'au contraire plus elle est simple dans ses déclinaisons et ses conjugaisons, plus elle doit être compliquée dans sa composition.

Le grec paraît en partie une langue simple et non composée, formée du jargon primitif de ces anciens sauvages errans, les anciens Helléniens et Pelages, dont on dit que la nation grecque est descendue. Tous les mots dans la langue grecque sont dérivés d'environ trois cents

primitifs ; preuve évidente , que les Grecs
formerent leur langue presque entiérement parmi eux , et que quand ils avaient
besoin d'un nouveau mot , ils n'étaient
pas accoutumés, comme nous le sommes,
à l'emprunter de quelque langue étran-
gere , mais le formaient , soit en le composant , soit en le tirant d'un ou plusieurs
mots pris dans leur propre langue. Aussi
les déclinaisons et les conjugaisons du
grec sont-elles beaucoup plus compliquées que celles d'aucune des langues
de l'Europe que je connais.

Le latin est un composé du grec et de
l'ancien toscan. Ses déclinaisons et ses
conjugaisons sont par conséquent beaucoup moins compliquées que celles du
grec. Il a laissé le duel dans les deux ;
ses verbes n'ont point de mode optatif,
distingué par aucune terminaison particuliere ; ils n'ont qu'un seul futur ; ils
n'ont point d'aoriste distinct du prétérit
parfait; ils n'ont point de tems moyen,

et même beaucoup de leurs tems au passif sont formés de différentes parties, comme dans les langues modernes, par le secours du verbe substantif joint au participe passif. Dans l'actif et dans le passif, le nombre des infinitifs et des participes est beaucoup moins considérable dans le latin que dans le grec.

Les langues française et italienne sont composées toutes deux, l'une du latin et de l'idiôme des anciens Francs, l'autre du même latin et de la langue des anciens Lombards. Comme ces deux langues française et italienne sont plus compliquées dans leur composition que la latine, elles sont pareillement plus simples dans leurs déclinaisons et leurs conjugaisons. Quant à leurs déclinaisons, elles ont toutes deux perdu entièrement leurs cas ; et quant à leurs conjugaisons elles ont toutes les deux perdu la totalité de leur passif, et une partie des voix actives de leurs verbes. Elles suppléent entiérement au manque du passif par le verbe substantif joint au participe passif, et elles forment une partie de l'actif, de la même maniere, avec le secours du verbe possessif et du même participe passif.

L'anglais est composé du français et de l'ancien saxon. Le français fut introduit en Angleterre par la conquête des Normands ; et il continua, jusqu'au tems d'Edouard III, à être la seule langue des lois et la principale langue de la cour. L'anglais qu'on parla ensuite, et qu'on parle encore aujourd'hui, est un mélange de l'ancien saxon et de ce français normand. Aussi comme la langue anglaise est plus compliquée dans sa composition que la française et l'italienne, elle est pareillement plus simple dans ses déclinaisons et ses conjugaisons. Ces deux langues retiennent au moins une partie de la distinction des genres ; et leurs adjectifs varient leur terminaison suivant qu'ils sont appliqués à des substantifs mas-

culins

culins ou féminins ; mais on ne trouve point de pareille distinction dans la langue anglaise, dont les adjectifs n'admettent point de variété de terminaison. Le français et l'italien ont tous les deux les restes de la conjugaison, et tous ces tems de l'actif qui ne peuvent être exprimés par le verbe possessif joint au participe passif, ainsi que beaucoup de ceux qui sont dans ces langues marqués par la variation des terminaisons du verbe principal. Mais presque tous ces autres tems sont, dans l'anglais, exprimés par d'autres verbes auxiliaires, de sorte qu'on trouve à peine dans cette langue les restes de la conjugaison: *i love, i loved, loving*; *j'aime, j'aimais, aimant*, sont toutes les variétés de terminaison qu'admet la très grande partie des verbes anglais. Toutes les différentes modifications de sens, qui ne peuvent être exprimées par aucune de ces trois terminaisons, doivent être formées par différens verbes auxiliaires joints à quel-qu'une d'elles. Deux verbes auxiliaires suppléent a tout ce qui manque aux conjugaisons française et italienne ; il en faut plus de douze pour suppléer à celle des Anglais qui, indépendamment des verbes substantifs et possessifs, font usage de *do*, *did* ; *will*, *would* ; *schall*, *schould* ; *can*, *could* ; *may*, *might*.

C'est de cette maniere que la langue devient plus simple dans ses rudimens et ses principes, justement dans la proportion qu'elle devient plus compliquée dans sa composition; et elle éprouve le même effet qu'on voit communément produit dans les instrumens mécaniques.

Toutes les machines, lorsqu'elles sont inventées, sont extrêmement compliquées dans leurs principes ; et il y a souvent un principe particulier de mouvement, pour chaque mouvement particulier qu'on s'est proposé de leur faire exécuter. Ceux qui les perfectionnent ensuite, observent qu'on peut appliquer un principe de maniere à produire plusieurs de ces mouvemens. De cette maniere la machine devient, peu à peu, de plus en plus simple, et produit ses effets avec un plus petit nombre de roues, et moins de principes de mouvement. De même dans la langue, chaque cas de chaque nom, et chaque tems de chaque verbe était originairement exprimé par un mot particulier et distinct, qui servait à cet objet, et non à aucun autre. Mais l'observation subséquente montra qu'un seul assortiment de mots pouvait suppléer à tout ce nombre infini, et que quatre ou ci   prépositions, et une demi-douzaine de verbes auxiliaïres pouvaient tenir lieu de toutes les déclinaisons et de toutes les conjugaisons des anciennes langues. Cependant, quoique cette simplification des langues ait dû peut-être son origine à des causes semblables, elle n'a point du tout produit les mêmes effets que la simplification des machines.

Cette simplification des machines les rend de plus en plus parfaites ; mais cette simplification des rudimens des langues les rend de plus en plus imparfaites , et d'autant moins propres à remplir beaucoup des buts de la langue , et cela par les raisons suivantes.

D'abord cette simplification rend les langues plus prolixes , plusieurs mots devenant nécessaires pour exprimer ce qui l'avait été auparavant par un seul. C'est ainsi que les mots *dei* et *deo* en latin montrent suffisamment, sans qu'on y ajoute rien, quel rapport l'objet signifié, est présenté comme ayant avec les objets exprimés par les autres mots dans le discours. Mais pour exprimer ce rapport en français, en anglais, et dans presque toutes les autres langues modernes , nous devons faire usage au moins de deux mots et dire *de dieu, à dieu ; of god, to god.* Ainsi en ce qui concerne les déclinaisons, les langues modernes sont

beaucoup plus prolixes que les anciennes.
La différence est encore beaucoup plus
grande par rapport aux conjugaisons.
Ce qu'un romain exprimait par un seul
mot, *amavissem*, un français est obligé
de l'exprimer par trois mots différens
j'aurais aimé, et un anglais par quatre *i
should have loved*. Il n'est pas nécessaire
de se donner la peine de montrer combien cette prolixité doit énerver l'élo-
quence dans toutes les langues modernes.
Tous ceux qui ont quelque habitude de
composer savent combien la beauté de
toute expression dépend de sa concision.

Secondement, cette simplification des
principes des langues les rend moins
agréables à l'oreille. La variété de terminaisons, produite dans le grec et le
latin par leurs déclinaisons et leurs
conjugaisons, donne à ces langues une
douceur qui est entièrement inconnue
aux nôtres, et une variété qu'on ne
trouve dans aucune autre langue moder-

ne. Par rapport à la douceur, peut-être
que l'italien surpasse le latin, et égale
presque le grec ; mais pour la variété,
cette langue moderne est bien inférieure
aux deux anciennes.

Troisiémement, non seulement cette
simplification rend les sons de notre
langue moins agréables à l'oreille, mais
elle nous empêche aussi de ranger les
sons que nous avons, de la maniere qui
pourrait flatter davantage. Elle enchaîne
beaucoup de mots à une situation particuliere, quoique souvent, s'ils eussent
été placés dans une autre, il en fût résul-
té plus de beautés. Dans le grec et le
latin, quoique l'adjectif et le substantif
soient séparés l'un de l'autre, la correspondance de leurs terminaisons montre
toujours leur rapport mutuel, et leur séparation n'occasionne nécessairement aucune espece de confusion. C'est ainsi que dans
ce premier vers des Eclogues de Virgile :

Tytire, tu patulæ recubans sub tegmine fagi,

nous voyons aisément que *tu* se rapporte à *recubans*, et *patulæ* à *fagi*, quoique les mots qui ont des rapports soient séparés par l'intercallation de plusieurs autres, parce que les terminaisons montrant la correspondance de leurs cas, déterminent leur rapport mutuel. Mais si vous traduisez littéralement ces mots en français, en laisant subsister les inversions, Œdipe lui-même ne pourrait trouver le sens de cette égnime, parce qu'il n'y a point de différence de terminaison, qui puisse indiquer à quel substantif répond chaque adjectif. Il en est de même par rapport aux verbes. En latin on peut souvent placer le verbe dans toutes les parties de la phrase, sans qu'il y ait d'inconvénient ni d'ambiguïté, mais en anglais et en français sa place est presque toujours déterminée d'une maniere précise. Il doit, presque dans tous les cas, suivre le membre de la phrase qui est le sujet, et précéder celui qui est l'objet. Ainsi dans le latin, que vous disiez *Joan-*

nem verberavit Robertus , ou *Robertus verberavit Joannem* , le sens est précisément le
même , et la terminaison montre dans
les deux cas , que c'est Jean qui est le
battu : mais en français *Jean bat Robert*
et *Robert bat Jean* n'ont point du tout
le même sens. Par conséquent la place
des trois principaux membres de la phrase
est presque toujours déterminée d'une
manière précise dans la langue française ,
et par la même raison dans les langues
anglaise et italienne, tandis que les anciennes langues ont une plus grande latitude à
cet égard, et que la place de ces membres
y est souvent indifférente en grande partie.
Les anglais sont forcés d'avoir recours à
Horace pour interpréter quelques endroits
de la traduction littérale suivante, d'une
ode de ce poëte par Milton :

> *Who now enjoys thee credulous all gold* ,
> *Who always vacant, always amiable* ,
> *Hopes thee ; of flattering gales*
> *Unmindful.*

Ce sont là des vers qu'il est impossible

d'expliquer par aucune des regles de la langue anglaise. Il n'y a point dans la langue anglaise de regles par lesquelles on puisse découvrir, 1° que, dans le premier vers, *credulous* se rapporte à *who*, et non à *thee*, ou que *all gold* se rapporte à quelque chose ; 2° que dans le quatrieme vers *unmindful* se rapporte au mot *who* du second et non au mot *thee* du troisieme ; 3° qu'au contraire dans le second vers *always vacant*, *always amiable* se rapportent toujours à *thee* qui est dans le troisieme et non à *who* qui se trouve également dans le second. A la vérité tout cela est assez clair dans l'original latin que voici :

Qui nunc te fruitur credulus aureâ,
Qui semper vacuam, semper amabilem
Sperat te, nescius auræ
Fallacis. (1)

(1) Je réitere ici le vœu que j'ai déjà formé, qu'on réunisse dans un même volume les meilleures traductions ou imitations qui ont paru en vers français de Martial, des odes d'Horace, des élégies de Tibulle, et des plus beaux morceaux de Lucréce, et surtout de l'Anti-Lucréce.

Cette clarté du passage latin vient de ce que les terminaisons dans cette langue fixent le rapport de chaque adjectif à son substantif, ce qu'il est absolument impossible à un anglais de faire.

Il est difficile d'imaginer combien cette faculté de transposer l'ordre de leurs mots doit avoir facilité la composition des anciens, tant en vers qu'en prose. On sent aisément que leur versification doit en être devenue beaucoup plus facile; et qu'en prose, toutes les beautés qui dépendent de l'arrangement et de la construction des divers membres de la période, doivent s'être présentées à eux avec beaucoup plus de facilité, et dans un plus grand degré de perfection, qu'à ceux dont les expressions sont constamment gênées par la prolixité, la contrainte, et la monotonie des langues modernes.

Voyez les avis qui sont à la tête des derniers volumes de la traduction de Gibbon, et à la fin du dernier volume.

Note du traducteur.

APPENDIX ET NOTES
DU TRADUCTEUR.

On trouvera aussi des recherches curieuses sur les langues :

1°. Dans le tableau des arts avant Alexandre, traduit de Banister, en 1786, par Boulard ;

2°. Dans l'ouvrage de Harris , intitulé *Hermes*, dont il paraît une traduction par Thurot ;

3°. Dans le cours de belles lettres de Blair, dont Cantwel vient de publier la traduction ;

4°. Dans les ouvrages de Copineau, (1) Desbrosses, Louth, Campbel, Priestley, Monboddo et Kaimes ; dans les variétés littéraires et la gazette littéraire de Suard et Arnaud ;

5°. Dans les ouvrages de Beauzée, Dolivet, Duclos, &c. et dans ceux que citent les tables du journal des savans, de l'esprit des journaux, et du journal de Verdun, ainsi que l'esprit des journalistes de Trevoux. Les Allemands doivent posséder beaucoup de recherches de ce genre. Aussi je ne puis m'empêcher d'engager ceux qui sont versés dans la langue allemande , notamment les Strasbourgeois, parmi lesquels il y a beaucoup d'hommes solidement instruits , à nous faire connaître les bons et importans ouvrages qui sont très

---

(1) Copineau a donné un essai synthétique sur la formation des langues, dont Condillac a fait l'éloge.

communs dans cette langue, soit en nous en donnant des traductions, (2) soit en en publiant des extraits raisonnés pour ceux que les journaux n'ont pas fait connaître suffisamment.

Voyez aussi le morceau de Blair, traduit dans le N° 22 du tome 6 du magasin encyclopédique de l'an trois. Ce journal contient encore un morceau curieux sur les systèmes d'une langue universelle, tiré du manuscrit de l'encyclopédie britannique du citoyen Lottin le jeune. (3)

Cette dissertation de Smith sur la formation des langues est tirée d'un recueil anglais en un volume in 8°, imprimé à Londres en 1786, intitulé *philological miscellany*, où il n'y a que ce morceau qui soit original. Le reste est la traduction d'un choix de dissertations, tirées du recueil de notre académie des inscriptions et belles lettres de Paris. On ne peut s'empêcher d'exprimer ici ses regrets sur la destruction de cette académie, dont la sagesse et les mémoires font tant d'honneur à la France.

Je me flatte que mes lecteurs me permettront d'insérer ici quelques vers en l'honneur de

____

(2) On imprime dans ce moment la traduction interlinéaire du premier livre de l'émile de Rousseau, pour faciliter l'étude de la langue allemande.

(3) Ce citoyen a rassemblé dans cette encyclopédie manuscrite, une multitude d'articles curieux, concernant les usages et les hommes célèbres de l'Angleterre.

l'université de Paris, dont je me féliciterai toujours d'avoir eu le bonheur d'être éleve.

REGRETS *sur la destruction de l'Université de Paris, par* **A. M. H. B.**, *l'un de ses anciens éleves.*

Toi qui faisais aimer la vertu, la science,
Qui poliças l'Europe en illustrant la France,
O mere des beaux arts, docte Université,
Tu meurs, et par tes fils ton nom n'est pas chanté !
Mais les pleurs des parens consacrent ta mémoire ;
Et Gerson et Rollin suffiraient à ta gloire.

La révolution ne pouvait manquer d'entraîner de grands changemens dans l'université de paris ; une partie de son régime intérieur, sa division en nations, etc., ne pouvaient plus subsister; mais on espérait qu'elle serait réformée et non détruite. L'auteur de cette note, quoiqu'étranger à la carriere de l'enseignement, ne peut s'empêcher d'acquitter ici la dette de la reconnaissance, tant publique que particuliere, et de regretter un corps, qui a produit des maîtres, tels que Gerson, Richer, Grenan, Marin, Hersan, Rollin, Coffin, Lebatteux, Gibert, Riballier, Crevier, Lebeau, Pia, Collot, Hamelin, Gobinet, Gillot, Pourchot, Coger, Pluquet, Geoffroy, Heuzet, rédacteur du *Selectæ e prophanis*, Duguet, Mezenguy, Vauxvilliers, Garnier, Lallemant, Chivot, Gueroult, traducteur de Pline ; Berardier-Debataut, Guerin, Coupé, traducteur de Seneque ; Gail, Wailly, Furgault, Rivard, Mazeas, Varignon, l'abbé Magnan, octogénaire, encore existant, à Paris, rue du Plâtre S. Jacques, et bienfaiteur des prisonniers ; Dupin, Chevillier, Ladvocat, tous trois docteurs de Sorbonne ; Lacaille, Leroy, Hauy, Martin, Bouchaud, Doujat, Clément, Lorry, tous 5 professeurs en droit ; Tournefort, Duverney, Portal, Hazon, Chomel, Hecquet, Binet, Chivot, Selis, Delille, etc. ; et des éleves, tels qu'Erasme. Dethou, Bossuet, Boileau, Arnauld, Bougainville, traducteur de l'anti-Lucrece son frère chef d'escadre ; Thomas, Laharpe, Dalembert, Cousin, Beauvais, Evêque de Senez ; Hardouin de la Reynerie, avocat; Boivin, Villoison, Letourneur, Lally Tolendal, Agier, ancien juge ; Lemierre, auteur de Guillaume Tell ; Fariau de St Ange, Legouvé, Andrieux, Collin d'Harleville, Gaillard, Cocquebert, Silvestre de Sacy, Angran, d'Alleray et son frere, Dusaulx, jeune ; Malesherbes, feu André Chenier, Billecocq, Lableterie, Caussin, Boudet, Mey, Maultrot, Pialles, Cochin, ces quatre derniers avocats, le Gendre, mathématicien, Quatremere-quincy, Lhomont, etc.

C'était un avantage bien précieux, que la surveillance de l'université sur les mœurs, et les principes de tous ceux qui enseignaient.

Si les instituteurs et les professeurs n'ont

pas à la fin de leur carriere un revenu fixe et assuré, qui soit indépendant de l'état des affaires publiques, comment des hommes de merite, ne pouvant compter d'une maniere certaine, sur la juste indemnité qui leur sera due, lorsqu'ils éprouveront les infirmités de la vieillesse, se livreront-ils tranquillement aux travaux si importans et si utiles de l'éducation. *Posteri, posteri, vestra res agitur.* Qu'il me soit permis de soumettre ces réflexions au jugement des bons citoyens. Hazon et Chomel, médecins, ont publié un éloge de l'université de paris, et une notice des médecins; on aurait bien dû donner une notice des hommes célebres des trois autres facultés de l'université.

La traduction de cet excellent recueil du *Selectæ e prophanis historiæ*, devrait se trouver dans toutes nos écoles primaires, et même dans tous les villages, avec le Spectacle de la nature, de Pluche; les leçons d'Histoire naturelle et de boulangerie, de Cotte; le Spectateur anglais, d'Addisson; les Ouvrages de Rollin, les dictionnaires des arts et d'histoire naturelle, celui de morale du pere Joly; les maximes tirées de l'Écriture sainte, en latin et en français; la Journée chrétienne, les conseils de la sagesse, puisés dans les livres sapientiaux; les sentences de l'ancien et du nouveau Testamment, recueillies par de Laval, l'abrégé et concorde des livres de la Sagesse; les passages les plus touchans des Pseaumes, par Lambert; les pensées de Ciceron; les Ornemens de la mémoire; la Flore de paris, de Bulliard; le catéchisme d'Agriculture, du curé Froger; le Vocabulaire français; les instructions de Portal et Gardanne, sur l'asphixie; le livre des dangers a éviter, par Lebegue de Preles; les petits prônes, de Girard, curé de St Loup; le traité historique, et dogmatique de la religion, par Bergier; le dictionnaire d'éducation; Eraste ou l'ami de la jeunesse; la Bienfaisance française, de Dagues de Clairfontaine; la Vie d'Howard, bienfaiteur des prisonniers; les pensées de Seneque, l'Année française; le Dictionnaire historique, les Annales de la charité chrétienne, par Richard, les Vertus du peuple; le Mentor vertueux; l'école des mœurs de Blanchard; le Code de la raison, de feu Poncot; les ouvrages de feue madame le Prince de Beaumont; le Dictionnaire de Rozier; la feuille du cultivateur; le Dictionnaire d'industrie de Duchesne, etc.

P. S. L'université a encor produit Clémengis; Duboulay; Dossat; Lambin; Tunerbe; Padet; Ramus, une foule de maîtres cités dans l'excellente histoire du collége de France de Gouget, beaucoup d'autres instituteurs très-estimables, parmi lesquels il suffira de nommer Maltor; Gardin; Durieux; l'Hermite; Noguette; Honoré-Jacques Fariau; Colin, maître de pension; l'Armenerie; Dumont; Patin; le Seigneur; Mouton; Gaullier; Dumont de Soissons; Auger, etc.

On trouve chez MARADAN, les autres ouvrages traduits par A. M. H. Boudard.